AF456173

10 DEC. 1866

Vente les 10, 11, 12 et 13 Décembre 1866

Par suite du décès de

M. FÉLIX WORMS DE ROMILLY

PORCELAINES

FAÏENCES

TABATIÈRES — BIJOUX

MOBILIER, VINS & OBJETS DIVERS

Exposition le Dimanche 9 Décembre 1866

Me CHARLES PILLET, COMMISSAIRE-PRISEUR | M. CHARLES MANNHEIM, EXPERT

CATALOGUE

D'UNE JOLIE RÉUNION DE

PORCELAINES

ANCIENNES

DE SÈVRES, DE SAXE, DE LA CHINE ET DU JAPON

FAIENCES FRANÇAISES

DE DIVERSES FABRIQUES

FAIENCES DE DELPHT

Verrerie, Tabatières, Bonbonnières, Bijoux

MEUBLES EN BOIS SCULPTÉ

BRONZES

Meubles courants, Linge de corps et de ménage

Environ trois cents bouteilles de vin de Bordeaux; — Objets variés.

DONT LA VENTE AUX ENCHÈRES PUBLIQUES AURA LIEU

PAR SUITE DU DÉCÈS DE

M. Félix WORMS DE ROMILLY

Hôtel Drouot, Salle n° 8

AU PREMIER

Les Lundi 10, Mardi 11, Mercredi 12 et Jeudi 13 décembre 1866.

A UNE HEURE ET DEMIE

Par le ministère de Me CHARLES PILLET, Commissaire-Priseur, rue de Choiseul, 11,

Assisté de M. CHARLES MANNHEIM, Expert, rue de la Paix, 10,

Chez lesquels se trouve le Catalogue.

EXPOSITION PUBLIQUE

Le Dimanche 9 Décembre 1866, de une heure à cinq.

CONDITIONS DE LA VENTE

Elle sera faite au comptant.

Les adjudicataires payeront *cinq pour cent* en sus des enchères.

L'exposition mettant le public à même de se rendre compte de l'état des objets, il ne sera admis aucune réclamation une fois l'adjudication prononcée.

ORDRE DES VACATIONS

LES LUNDI 10 ET MARDI 11 DÉCEMBRE 1866

Porcelaines de Saxe et autres.
Porcelaines de Chine et du Japon.

LE MERCREDI 12 DÉCEMBRE 1866

Porcelaines de Sèvres et autres.
Faïences.
Bijoux et Objets variés.

LE JEUDI 13 DÉCEMBRE 1866

Meubles, Bronzes, etc.
Meubles courants en bois d'acajou.
Ustensiles de ménage.
Linge de corps et de ménage, Literie, etc.
Vins de Bordeaux, etc.

Paris. — Imp. de Pillet fils aîné, rue des Grands-Augustins, 5.

DÉSIGNATION

DES OBJETS

Porcelaines de Saxe et d'Allemagne

1 — Très-joli cabaret du temps de Louis XV, en ancienne porcelaine de Saxe gaufrée à côtes en spirales et ornements. Il est décoré de festons de fleurs en couleur et d'ornements de style rocaille renfermant des imbrications à écailles bleues. Il se compose de dix tasses à anses avec soucoupes, et quatre grandes pièces.

2 — Petite écuelle à couvercle et plateau en ancienne porcelaine de Saxe de très-belle qualité. Elle est décorée de médaillons représentant des sujets militaires en couleur sur fond lie de vin et encadrements d'or.

3 — Cabaret en ancienne porcelaine de Saxe, jeté de fleurs en couleur partie sur fond blanc, partie sur fond brun formant bordure, et ruban enroulé émaillé vert. Il se compose de sept tasses forme basse, deux tasses forme haute, quinze soucoupes et quatre grandes pièces.

4 — Dix belles assiettes en ancienne porcelaine de Saxe, à décor analogue au cabaret qui précède; les rubans, émaillés verts, sont gaufrés en relief, et neuf d'entre elles ont leur bord découpé à jour.

5 — Deux jolies tasses avec soucoupes en ancienne porcelaine de Saxe, décorées de figures et de paysages dans le style de Watteau. Belle qualité.

6 — Trois sucriers, deux cafetières, une théière, cinq tasses à une anse et six soucoupes en ancienne porcelaine de Saxe, fond bleu clair et médaillons de fleurs. Ce lot sera divisé.

7 — Tasse trembleuse à deux anses, de mêmes porcelaine et décor que les pièces qui précèdent.

8 — Deux tasses avec soucoupes en ancienne porcelaine de Saxe, décorées de bouquets de fleurs et bords à écailles bleues.

9 — Tasse avec soucoupe en ancienne porcelaine de Saxe, à décor de paysages avec encadrements d'or de style rocaille.

10 — Tasse et soucoupe en ancienne porcelaine de Saxe; décor en couleur à figures, fleurs et paysages, et bord gaufré à quadrilles.

11 — Deux tasses avec soucoupes en ancienne porcelaine de Saxe; décor de fleurs en couleur et bord à imbrications rouge brique.

12 — Deux grandes tasses et leurs soucoupes en ancienne porcelaine de Saxe, décorées de larges bouquets de fleurs et de dentelles d'or.

13 — Quatre tasses, modèle cul de poule, avec soucoupes, en ancienne porcelaine de Saxe, décorées de figures d'enfants dans des paysages, et bords imbriqués à coquilles en camaïeu lie de vin.

14 — Théière et plateau de forme contournée en ancienne porcelaine de Saxe, décorée de fleurs et bords imbriqués à coquilles en camaïeu bleu.

15 — Grande tasse et sa soucoupe en ancienne porcelaine de Saxe, à décor de fleurs en couleur.

16 — Bol, théière, sucrier et soucoupe en ancienne porcelaine de Saxe, décorés de groupes d'amours dans le style de Boucher, et bords imbriqués à écailles rouge brique.

17 — Très-jolie théière en ancienne porcelaine de Saxe, décorée de figures dans le style de Watteau, et bord imbriqué en camaïeu bleu.

18 — Petite tasse et sa soucoupe de même porcelaine, décorée d'oiseaux, et bord imbriqué à écailles bleues.

19 — Tasse à couvercle et sa soucoupe en porcelaine de Saxe, décorée de sujets champêtres, et bords à imbrications d'or sur fond rose.

20 — Théière et une soucoupe de même porcelaine, décorées de sujets champêtres dans des médaillons ovales avec entourages très-fins en or de couleur.

21 — Tasse avec soucoupe de même porcelaine et de décor analogue.

22 — Tasse à deux anses et sa soucoupe en vieux saxe, décorée de bouquets de fleurs.

23 — Tasse et sa soucoupe de même porcelaine, décorée de jeux d'Amours.

24 — Tasse et soucoupe à quatre lobes en porcelaine de Saxe, décorées de marines.

25 — Ecuelle à deux anses, couvercle et plateau en ancienne porcelaine de Saxe, gaufrée à ornements de style rocaille et bouquets de fleurs décorés en couleur.

26 — Casserole avec manche et couvercle en ancienne porcelaine de Saxe, à bord gaufré et fleurs et papillons décorés en couleur.

27 — Sucrier avec couvercle et plateau de même porcelaine gaufrée à fleurs et décorée de fleurs en couleur.

28 — Deux tasses avec soucoupes, une cafetière et un bol en porcelaine de Saxe à côtes, et décor à figures et fleurs de style chinois.

29 — Quatre petites tasses avec soucoupes à bords festonnés en vieux saxe, décorées de fleurs.

30 — Deux tasses et leurs soucoupes en ancienne porcelaine de Saxe à quatre lobes, décorées de figures dans le style de Téniers.

31 — Bol en ancienne porcelaine de Furstenberg, décoré de figures dans le style de Watteau.

32 — Bol analogue à celui qui précède.

33 — Six tasses et six soucoupes de même porcelaine, décorées de fleurs.

34 — Six tasses sans anses et leurs soucoupes, décorées de vases de fleurs.

35 — Deux tasses et leurs soucoupes décorées de fleurs.

36 — Quatre tasses forme droite et leurs soucoupes, décorées de figures dans des paysages et encadrements en couleur.

37 — Deux tasses avec soucoupes à quatre lobes, décorées d'oiseaux en couleur sur fond jaune, et de médaillons de fleurs sur fond blanc.

38 — Bol, sucrier, boîte à thé et six tasses sans anses en ancienne porcelaine d'Allemagne, décorés de fleurs et d'insectes en couleur.

39 — Cabaret en ancienne porcelaine de Vienne, décoré de fleurs en couleur. Il se compose d'un plateau avec bordure découpée à jour, de deux cafetières, d'une théière, d'un sucrier et de trois tasses sans soucoupes.

40 — Six tasses avec soucoupes de même porcelaine et de décor analogue.

41 — Quatre compotiers en deux dimensions, en ancienne porcelaine de Saxe, à bords gaufrés et découpés à jour et à fleurs décorées en couleur.

42 — Deux bols, une tasse et une soucoupe en ancienne porcelaine de Saxe; décor dit à l'écureuil.

43 — Deux tasses à anse et leurs soucoupes, en porcelaine de Vienne, décorées de figures d'amours.

44 — Petite écuelle avec couvercle et plateau, en porcelaine de Saxe gaufrée et à bord découpé à jour; elle est décorée de jeux d'amours dans des encadrements d'or.

45 — Sept tasses, sept soucoupes et un sucrier, en porcelaine de Saxe, décorés de fleurs en couleurs de style chinois.

46 — Deux tasses de forme droite et leurs soucoupes, décorées de figures en grisaille, de style antique, sur fond bleu d'empois.

47 — Six tasses et leurs soucoupes, en porcelaine d'Allemagne, décorées de fleurs.

48 — Écuelle à deux anses, couvercle et plateau, en ancienne porcelaine de Saxe, décorée de fleurs et gaufrée à canaux creux.

49 — Bol et compotier en ancienne porcelaine de Saxe, à ornements gaufrés et décorés de fleurs en couleur.

50 — Mortier à pans en porcelaine de Saxe, décoré de fleurs et d'animaux en couleurs, de style chinois.

51 — Bol à côtes, de même porcelaine, fond bleu et médaillons de fleurs, de style chinois.

52 — Deux tasses et une soucoupe en porcelaine de Furstenberg, à décors de figures dans des paysages.

53 — Deux tasses à deux anses, avec soucoupes en vieux saxe, à décors de fleurs.

54 — Deux tasses avec soucoupes en porcelaine d'Allemagne, décorées de fleurs.

55 — Deux tasses avec soucoupes à quatre lobes, fond vert olive et médaillons de fleurs, de style chinois.

56 — Tasse avec soucoupe en vieux saxe, gaufrée à côtes et guirlandes de fleurs en couleur.

57 — Trois tasses avec soucoupes en porcelaine de Saxe, fond jaune et médaillons de fleurs.

58 — Deux jolis sucriers en ancienne porcelaine de Saxe, à bords gaufrés et médaillons d'animaux, avec entourages d'ornements et de fleurs en couleur.

59 — Quatre jolis bustes de personnages sur piédouches, en ancienne porcelaine de Nymphenbourg, représentant les Saisons.

60 — Deux jolis petits vases, modèle balustre, à couvercle, en ancienne porcelaine de Saxe, décorés de fleurs.

61 — Tasse avec soucoupe et plateau ovale, en ancienne porcelaine de Furstenberg, décorés d'oiseaux et de fleurs en couleurs et de bandes rouges et or.

62 — Pot à bière en vieux saxe, à décor de figures costumées à l'orientale et paysages en camaïeu rouge. Couvercle en argent.

63 — Pot à bière de même porcelaine et de décor analogue, sans couvercle.

64 — Petit vase en ancienne porcelaine de Berlin, à couvercle découpé à jour et anses formées de mascarons reliés par des draperies roses. Il est décoré de bouquets de fleurs.

65 — Vase, modèle gourde, en ancienne porcelaine de Frankenthal, décoré de bouquets de fleurs et enrichi de festons de fleurs en relief.

66 — Grande cafetière en ancienne porcelaine de Saxe, décorée de paysages avec figures en camaïeu rouge.

67 — Six tasses avec soucoupes en porcelaine de Vienne, décorées de fleurs en couleur et bordures à ornements en or sur fond vert.

68 — Deux gobelets et deux petites boîtes de forme circulaire, en ancienne porcelaine de Saxe, décorés de fleurs et de fruits.

69 — Deux flambeaux en porcelaine d'Allemagne, à ornements gaufrés en relief et décor de fleurs.

70-79 — Douze plateaux de formes variées, en porcelaine de Saxe et d'Allemagne, décorés de fleurs, d'oiseaux et de paysages. Ils seront vendus séparément.

80 — Deux corbeilles ovales en porcelaine de Hœchst, à bordures découpées à jour et décor de fleurs.

81 — Jardinière de forme contournée en ancienne porcelaine de Saxe, décorée de fleurs et montée à anses en bronze doré, modèle rocaille.

82 — Petit vase, modèle dit pot pourri, de même porcelaine et de décor analogue.

83 — Vase forme balustre, en porcelaine de Saxe, décoré de fleurs et à quatre pieds, à enroulements et feuillages remontant sur la panse du vase.

84 — Deux écuelles sans plateaux, en vieux saxe, fond lie de vin et médaillons de fleurs.

85 — Deux sucriers de forme basse et octogone en vieux saxe, à figures de style chinois.

86 — Deux petits vases de forme contournée en ancienne porcelaine de Saxe, décorés de fleurs et de fruits.

87 — Deux petits tableaux en ancienne porcelaine de Saxe, décorés d'oiseaux et encadrements formés d'ornements en relief dorés. Ils sont montés sur des socles en bronze qui les transforment en plateaux.

88 — Deux chiens assis, en porcelaine de Saxe, décorés au naturel.

89 — Petit vase de nuit en ancienne porcelaine de Frankenthal, décoré de fleurs.

90 — Encrier formé de deux godets et d'un plateau à contours en vieux saxe gaufré et décoré de fleurs.

91 — Autre encrier en porcelaine de Saxe, fond bleu et médaillons de paysages.

92 — Figurine d'amour debout près d'un petit vase à couvercle, porcelaine de Saxe décorée en couleur ; socle rocaille en bronze doré.

93 — Casserole à couvercle et sur trois pieds, en ancienne porcelaine de Vienne, décorée de fleurs.

94 — Deux petits brûle-parfums à trépieds, de style rocaille, et décorés de fleurs en camaïeu rouge.

95 — Cinq pièces en ancienne porcelaine de Saxe; salière ornée de deux mascarons, deux petits vases de style rocaille et deux petits socles carrés.

96 — Deux veilleuses en forme de pots à crème, en ancienne porcelaine de Frankenthal, décorées de fleurs.

97 — Petite jardinière en ancienne porcelaine de Saxe, décorée de fleurs et bord à rosaces sur fond jaune. Ses anses sont formées de branches torses.

98 — Trois petits vases, à anses formées de mascarons ; deux sont décorés de médaillons d'oiseaux et fond rouge.

99 — Trois pièces provenant d'un petit cabaret en porcelaine de Hoechst, décorées de guirlandes de fleurs et d'imbrications lie de vin.

100 — Trois petits plateaux forme feuille en vieux saxe, à décors variés.

101 — Pot à eau forme aiguière et sa cuvette en porcelaine d'Allemagne, décorés de paysages.

102 — Trois petits plateaux ovales et une aiguière en ancienne porcelaine de Saxe, à ornements gaufrés en relief et décor de fleurs.

103 — Écuelle avec couvercle et plateau en porcelaine de Saxe fond bleu clair et décor de fleurs.

104 — Pot à crème et petit plateau en porcelaine de Saxe, décorés de fleurs et hachures rouges.

105 — Plateau de forme contournée et quatre pièces diverses en porcelaine de Saxe, à décor de fleurs et ornements en relief.

106 — Soupière ronde et deux assiettes à bordures découpées à jour en ancienne porcelaine de Berlin, à décor de fleurs et ornements rocaille en relief rehaussés d'or.

107 — Plat rond en ancienne porcelaine de Saxe, à riche bordure découpée à jour et médaillons de fleurs et fruits sur fond semé de fleurettes rouges.

108 — Trois bols modèle mortier à six pans, en ancienne porcelaine de Saxe, à décor dans le style chinois.

109 — Deux compotiers à pans, de même porcelaine et décor.

110 — Douze assiettes en ancienne porcelaine de Saxe et d'Allemagne, à fleurs gaufrées en relief et médaillons d'oiseaux, de fleurs et d'animaux divers.

111 — Sept assiettes en porcelaine d'Allemagne, de décors riches et variés.

112 — Onze assiettes de même porcelaine et de décors variés, moins riches.

113 — Six assiettes à bords festonnés en ancienne porcelaine de Saxe, décorées de fleurs.

114 — Cinq assiettes et deux plats en ancienne porcelaine de Saxe, à décor d'oiseaux et de fleurs et ornements gaufrés.

115 — Cinq assiettes en porcelaine de Frankenthal, à décor de fruits et de fleurs.

116 — Neuf assiettes en porcelaine d'Allemagne, variées de décors.

117 — Deux plats et deux assiettes en porcelaine de Saxe, décorés de fleurs. Les assiettes sont gaufrées, et leurs bords sont découpés à jour.

118 — Deux jolis petits plats de forme ovale et festonnée, en ancienne porcelaine de Saxe, à fleurs gaufrées en relief et décorées en couleur.

119 — Partie d'un cabaret en porcelaine de Nymphenbourg, décorée de médaillons de paysages et d'ornements. Il se compose de deux cafetières, un sucrier et trois soucoupes.

120 — Plateau en porcelaine de Saxe, décoré au centre d'un bouquet de fleurs sur fond brun et de rubans roses au bord sur fond jaune.

121 — Petit pot à crème en ancienne porcelaine de Saxe, gaufrée à vanerie et à fleurs et fruits en relief en couleur et or.

122 — Trois cafetières et un sucrier à saupoudrer en ancienne porcelaine de Saxe, décorés de fleurs et à goulots enrichis de mascarons en relief.

123 — Quantité de tasses, sucriers, écuelles, théières, cafetières, plateaux, petits vases, salières, etc., en porcelaine de Saxe et d'Allemagne, qui seront vendus par lots.

124 — Dix-huit couteaux à manches en ancienne porcelaine de Saxe, décorés de fleurs et de parties imbriquées rouge.

125 — Cinquante-sept couteaux et fourchettes à manches en ancienne porcelaine de Saxe et d'Allemagne. Ce lot sera divisé.

Porcelaines de Sèvres et autres

126 — Pot à eau en ancienne porcelaine tendre de Saint-Cloud, gaufrée à fleurs et ornements de style rocaille, et décoré de fleurs en couleur.

127 — Théière en porcelaine de Sèvres pâte tendre, décorée de rinceaux et de fleurs en couleur sur fond pointillé d'or.

128 — Deux tasses en porcelaine de Sèvres pâte tendre, fond bleu de roi, à médaillons d'oiseaux et décor d'or.

129 — Tasse forme droite en porcelaine de Sèvres pâte tendre, fond bleu de roi, et frise décorée de fleurs et d'arbustes.

130 — Tasse forme droite en porcelaine de Sèvres pâte tendre, décorée de festons de fleurons bleus sur fond à mille raies d'or.

131 — Cafetière, sucrier et une tasse en porcelaine de Sèvres pâte tendre, décorés de frises de fleurs, de perles et d'ornements sur fond rouge et bleu.

132 — Grande et belle tasse de forme droite en porcelaine de Sèvres pâte tendre, décorée d'oiseaux sur fond blanc.

133 — Tasse modèle cul de poule en porcelaine de Sèvres pâte tendre, décorée de festons de fleurs en camaïeu bleu.

134 — Deux plateaux ronds festonnés et deux tasses en ancienne porcelaine de Sèvres pâte tendre, décorés de fleurs sur fond blanc. Époque Louis XV.

135 — Très-petite jardinière de forme basse, à deux anses serpents enroulés, en porcelaine de Sèvres pâte tendre, décorée de fleurs sur fond blanc Époque Louis XV.

136 — Tasse trembleuse, modèle litron à couvercle, mais sans anses, en ancienne porcelaine de Sèvres pâte tendre, décorée de festons de fleurs en camaïeu rose.

137 — Deux petites tasses forme droite en ancienne porcelaine de Sèvres pâte tendre, décorées de guirlandes de fleurs et de hachures en camaïeu bleu.

138 — Tasse forme droite en porcelaine de Sèvres pâte tendre, décorée de fleurs et d'ornements d'or sur fond violacé.

139 — Tasse modèle cul de poule en ancienne porcelaine de Sèvres pâte tendre, décorée de guirlandes de fleurs et bord fond bleu à œils de perdrix.

140 — Petite tasse forme droite en porcelaine de Sèvres pâte tendre, décorée de festons de fleurs et d'ornements, et portant l'initiale C.

141 — Grand tasse forme droite en porcelaine tendre, fond bleu de roi et décor d'oiseaux et d'arbustes en or.

142 — Deux tasses forme droite en porcelaine tendre, décorées de médaillons d'insectes et d'oiseaux, et bord fond gros bleu à rinceaux d'or.

143 — Deux tasses de même forme et de décor analogue, mais sans soucoupes.

144 — Deux pièces en ancienne porcelaine de Sèvres pâte tendre; moutardier décoré d'oiseaux, et petit pot à crème à décor de fleurs et d'ornements.

145 — Cinq tasses et leurs soucoupes en porcelaine de Sèvres pâte tendre, décorées de myosotis.

146 — Deux pièces : tasse sans soucoupe, décorée d'oiseaux, et moutardier sans couvercle, fond bleu turquoise et médaillons d'oiseaux et d'insectes.

147 — Tasse forme droite en ancienne porcelaine tendre de Chelsea, décorée d'oiseaux et bord émaillé gros bleu rehaussé d'or.

148 — Jolie tasse modèle cul de poule à couvercle en porcelaine tendre, décorée de guirlandes de fleurs et bord bleu pointillé d'or.

149 — Six pots à crème et trois coquetiers en porcelaine de Sèvres pâte tendre, à décor de fleurs.

150 — Petite jardinière en ancienne porcelaine de Buen-Retiro, décorée de fleurs.

151 — Petit vase modèle balustre, à guirlandes de fleurs en relief, en ancienne porcelaine tendre anglaise.

152 — Sept pièces diverses en porcelaine de Menecy. Pots à crème, etc.

153 — Tasse et sa soucoupe en ancienne porcelaine de Naples, décorée d'un médaillon de personnages et de riches ornements d'or.

154 — Dix pièces diverses en ancienne porcelaine de Chantilly.

Ce lot sera divisé.

155 — Neuf assiettes en porcelaine de Naples, décorées de paysages et monuments, et bords émaillés gros bleu et autres rehaussés d'or.

156 — Sept pots à crème, à couvercles, en ancienne porcelaine de Tournay, décorés de fleurs.

Porcelaines de Chine et du Japon

157 — Grand vase de forme carrée, décoré de fleurs et d'ustensiles divers en relief, émaillés en couleurs.

158 — Deux pots à tabac en porcelaine de Chine, de forme ovoïde, à couvercles, décorés de médaillons de fleurs sur fond chocolat.

159 — Chat assis en porcelaine de Chine, la patte droite levée ; il est décoré en rouge, noir et or.

160 — Sucrier à deux anses et couvercle en porcelaine du Japon, à décor en camaïeu bleu.

161 — Deux sucriers en porcelaine du Japon , à décor de fleurs et ornements en bleu, rouge et or. Ils sont montés en bronze doré.

162 — Cassolette en porcelaine de Chine, à fleurs émaillées blanc sur fond brun. Monture rocaille en bronze doré.

163 — Petit vase de forme cylindrique en ancien céladon bleu d'empois, à fleurs gravées sous émail.

164 — Petit bol en ancienne porcelaine de Chine, à médaillons de fleurs gaufrés sous émail vert d'eau et décorés de fleurs et d'ornements en couleur. Qualité rare.

165 — Brûle-parfums reposant sur trois pieds droits, et à couvercle, en porcelaine de Chine craquelée vert d'eau et ornements émaillés brun.

166 — Deux petits vases, modèle balustre, à pans, en ancienne porcelaine de Chine, décorés de fleurs émaillées en couleur.

167 — Réchaud à bain-marie en porcelaine de Chine, décoré de rosaces et d'ornements en noir et rouge.

168 — Plat rond et creux en ancienne porcelaine de Chine, décoré de figures et de cavaliers finement émaillés en couleur.

169 — Deux plats ronds de même porcelaine, décorés de figures de femmes, d'enfants et d'animaux dans un paysage.

170 — Deux lampes formées de vases en porcelaine de Chine, à fleurs et paysages émaillés en couleur sur fond chocolat.

171 — Coupe ronde en porcelaine de Chine, à fleurs gaufrées sous émail et bordures décorées de fleurs en couleurs. Monture en bronze doré, à dauphins.

172 — Plat rond et creux en porcelaine de Chine à fleurs en couleur sur fond émaillé vert.

173 — Deux cafetières en porcelaine du Japon, montées en bronze doré.

174 — Fontaine de forme carrée en ancienne porcelaine du Japon, à décor en bleu, rouge et or, et montée en bronze doré.

175 — Fontaine destinée à être suspendue, en ancienne porcelaine de Chine, à décor d'oiseaux et ornements en émaux de la famille verte.

176 — Garniture de trois petits vases carrés en ancienne porcelaine de Chine, à décor d'oiseaux et d'arbustes en couleur et or.

177. — Service de table en ancienne porcelaine de l'Inde, décoré de guirlandes de fleurs en couleur et de cordons émaillés vert. Il se compose de : une soupière, vingt-trois plats longs, sept réchauds, vingt assiettes creuses, soixante-deux assiettes plates, trois saucières, quatre saladiers, trente-trois compotiers et neuf petits plateaux. Ce service pourra être divisé.

178 — Deux petits vases, modèle bouteille, en ancienne porcelaine de Chine, décorés de fleurs, de fruits et d'insectes émaillés en couleur.

179 — Deux grands plats ronds et creux en ancienne porcelaine de Chine, décorés au centre de vases de fleurs et bords à fleurs gaufrées sous émail.

180 — Petit vase de forme cylindrique en porcelaine de Chine émaillée gros bleu et décor d'or; il est monté en guise de fontaine en bronze doré.

181 — Deux petites potiches en ancienne porcelaine du Japon, décorées de grues sacrées sur fond découpé à jour.

182 — Petite coupe ronde en ancienne porcelaine du Japon, à décor en bleu, rouge et or, et montée sur trois pieds à consoles en bronze doré.

183 — Deux petites jardinières basses en ancienne porcelaine de Chine, décorées en émaux de la famille verte et montées en bronze doré.

184 — Vase, modèle potiche, en porcelaine de Chine, décoré d'un sujet familier, émaillé en couleur.

185 — Plat rond en ancienne porcelaine de Chine, décoré en émaux de la famille verte. Il représente des médaillons de personnages dont quelques-uns ont des têtes d'animaux. Ces sujets, très-curieux, semblent reproduire diverses scènes de la mythologie chinoise.

186 — Plat rond, décoré de figures émaillées en couleurs et de riches ornements en or.

187 — Deux très-petites coupes rondes en ancienne porcelaine de Chine, à médaillons décorés d'oiseaux en couleur et entre-deux à rosaces découpées à jour.

188 — Deux petites tortues fantastiques en céladon vert d'eau formant flacons et à bouchons formés de crapauds, décorés en brun.

189 — Petit vase en ancienne porcelaine de Chine, à rosaces et fleurs décorées en couleurs et parties découpées à jour se détachant sur le double fond émaillé bleu.

190 — Tasse haute en ancienne porcelaine du Japon, avec couvercle garni en argent.

191 — Grand plat rond en anciennne porcelaine de Chine, à décor d'oiseaux et arbustes émaillés en couleur.

192 — Deux bols en ancienne porcelaine de Chine, décorés en émaux de la famille verte, à fleurs, arbustes et ornements.

193 — Petit vase de forme ovoïde, à couvercle plat, en ancienne porcelaine de Chine, à rosaces émaillées en couleur et zones d'ornements verts sur fond rouge brique.

194 — Vase forme bouteille en ancienne porcelaine du Japon, à décor d'oiseaux et de fleurs en bleu, rouge et or. Monture en bronze doré.

195 — Deux petits vases à panses sphériques et goulots droits, légèrement évasés, en porcelaine de Chine, finement décorés de figures et d'ornements en couleur. A l'intérieur une rosace découpée à jour sépare la partie inférieure du goulot de la panse.

196 — Deux assiettes en ancienne porcelaine mince de la Chine, décorées de figures de cavaliers, d'ornements et de fleurs finement dessinés au trait en camaïeu noir légèrement rehaussé d'or et de rouge.

197 — Belle assiette en ancienne porcelaine mince de la Chine, décorée au centre d'un vase de fleurs, émaillées en couleur, avec bordure à rosaces dessinées au trait sur fond bleu

turquoise. Le marli offre trois cartouches de fleurs avec entre-deux, décorés de rosaces sur fond rose. Le revers est émaillé carmin.

198-208 — Trente tasses avec soucoupes en ancienne porcelaine mince de la Chine, à décors variés finement émaillés. Elles seront vendues par lots ou séparément.

209 — Trois pièces : cafetière, théière et boîte à thé, provenant d'un cabaret en ancienne porcelaine de Chine, décorées de vases de fleurs émaillées sur fond filigrané d'or.

210 — Trois autres pièces de même porcelaine, décorées de palmettes émaillées violet sur fond jaune à quadrilles.

211 — Trois boîtes à thé, modèle vase, en ancienne porcelaine de Chine, à décor de fleurs et papillons émaillés en couleur.

212 — Cafetière et boîte à thé de même porcelaine, décorées de figures finement émaillées en couleur.

213 — Deux petits vases à bords plats décorés de fleurs et à panse de forme sphérique allongée, à ornements découpés à jour.

214 — Écritoire en ancienne porcelaine de Chine, décorée de figures et d'ornements émaillés en couleur.

215 — Deux petits vases de forme carrée en porcelaine de Chine, décorés d'arbustes et d'oiseaux et à écureuils en relief dorés.

216 — Cabaret en ancienne porcelaine de Chine, fond rouge brique, à médaillons de paysages et fleurs réservées en blanc et rehaussées d'or. Il se compose de deux tasses et dix autres pièces.

217 — Jeu de cinq petites coupes en ancienne porcelaine de Chine, décorées en émaux de la famille verte, à fleurs et figures.

218 — Trois bols de même porcelaine et de décor analogue.

219 — Pièce de surtout formée de deux coupes ovales en ancienne porcelaine de Chine, décorées de fleurs et de figures émaillées en couleur et garnies d'une monture de style chinois en bronze doré.

220 — Deux autres pièces de surtout formées chacune de deux petits plateaux en ancienne porcelaine de Chine, montés en bronze doré.

221 — Deux vaches couchées en ancienne porcelaine blanche de la Chine.

222 — Deux petites tasses à couvercles en ancienne porcelaine de Chine, fond bleu pointillé et fleurs décorées en or, montées en bronze doré.

223 — Deux petites coupes octogones en ancienne porcelaine de Chine, décorées de fleurs.

224 — Présentoir composé de douze petits plateaux en ancienne porcelaine de Chine, decorés de fleurs sur fond émaillé vert.

225 — Autre présentoir composé de quatre plateaux formant rosace, en ancienne porcelaine de Chine, décorés de fleurs.

226-228 — Neuf pots à bière de diverses formes en ancienne porcelaine de Chine et de décors variés.

229-230 — Quatre compotiers, en deux dimensions, en ancienne porcelaine de Chine, décorés de larges groupes de fleurs émaillées en couleur.

231-264 — Cent douze plats, assiettes et compotiers en ancienne porcelaine de Chine, variés de décor, qui seront vendus par lots.

265-267 — Seize plats, assiéttes et compotiers en ancienne porcelaine du Japon, qui seront vendus par lots.

268 — Fontaine et sa cuvette en ancienne porcelaine de Chine, décorées en émaux de la famille verte, à fleurs et oiseaux. Monture en bois sculpté.

269 — Quantité de tasses, théières, cafetières, bols, plateaux, soucoupes, petits vases, etc., en ancienne porcelaine de Chine et du Japon, qui seront vendus par lots.

Faïences

270-273 — Fabriques italiennes. — Cinq plats de diverses fabriques, qui seront vendus séparément.

274 — Fabrique de Delpht. — Grand et beau vase de forme cylindrique, à décor de style chinois, figures et paysages en camaïeu bleu.

275 — Même fabrique. — Deux petits vases forme balustre, décor polychrome rehaussé d'or, à l'imitation des porcelaines du Japon, à fleurs, oiseaux et ornements.

276 — Même fabrique. — Deux boîtes de forme cylindrique, à décor de même style que les vases qui précèdent.

277 — Même fabrique. — Porte-huilier et deux burettes, même décor.

278-281 — Même fabrique. — Huit assiettes décorées de même, qui seront vendues séparément.

282 — Même fabrique. — Garniture de cinq vases, dont un en forme de potiche et quatre en forme de bouteilles, à décor polychrome, fleurs, oiseaux et ornements.

283 — Même fabrique. — Tirelire en forme de gourde à trois nœuds, à décor en camaïeu bleu, figures dans des paysages. Elle porte les noms : *Sara Willemina. Susanna de Wit*, ainsi que la date de 1713, *le cinq juillet*.

284 — Même fabrique. — Deux très-petites burettes décorées d'oiseaux et d'arbustes en couleur et or. Belle qualité. Elles portent la date de 1725.

285 — Même fabrique. — Deux beurriers avec plateaux, décor polychrome rehaussé d'or, représentant des corbeilles de fleurs et des paysages.

286 — Même fabrique. — Deux pots à eau, décor polychrome à fleurs et ornements.

287 — Même fabrique. — Jolie boîte à thé de forme carrée, à décor de figures et ornements de style chinois en rouge et or.

288 — Même fabrique. — Deux boîtes de forme lenticulaire, dont une sur piédouche, décor polychrome dans le style des faïences de Rouen.

289-290 — Même fabrique. — Trois dessus de brosse, dont deux décorés dans le style chinois et se faisant pendant.

291-297 — Même fabrique. — Treize tableaux de diverses formes et de décors variés, qui seront vendus par paire ou séparément.

298 — Même fabrique. —Perroquet monté sur son perchoir de forme circulaire; décor polychrome.

299 — Même fabrique. — Deux vases modèle bouteille, à décor de style chinois en camaïeu bleu.

300 — Même fabrique. — Boite à thé de forme carrée, décorée de fleurs en camaïeu bleu.

301 — Même fabrique. — Petite coupe à long manche, décorée de figures en camaïeu bleu.

302 — Même fabrique. — Deux pantoufles porte-allumettes, décor polychrome.

303 — Même fabrique. — Deux plateaux sur piédouche et un compotier, décor de fleurs et d'ornements en camaïeu bleu.

304 — Même fabrique. — Dix cruches et brocs, décors variés, qui seront vendus par lots.

305 — Fabrique de Rouen. — Beau plateau à deux anses, décor polychrome à fleurs, oiseaux et ornements.

306 — Fabrique de Rennes. — Grande et belle soupière de forme contournée, décor polychrome à fleurs et ornements.

307 — Fabrique de Marseille. — Cabaret composé d'une théière, d'un sucrier et quatre tasses avec soucoupes; décor polychrome à fleurs et ornements dorés.

308 — Même fabrique. — Beurrier décoré de fleurs; son couvercle est surmonté d'une vache couchée.

309 — Même fabrique. — Deux jardinières à deux étages, décorées de fleurs en couleur.

310 — Même fabrique. — Deux jardinières carrées de même style que celles qui précèdent.

311 — Même fabrique. — Deux corbeilles décorées de fleurs et à bords découpés à jour.

312 — Même fabrique. — Encrier de forme contournée, enrichi de fleurs et de branchages en relief et décoré en couleur.

313 — Même fabrique. — Trois assiettes variées de décor.

314 — Fabrique de Strasbourg. — Quatre assiettes décorées de fleurs et à bords découpés à jour.

315 — Même fabrique. — Belle assiette à bord festonné et enrichi d'ornements gaufrés en relief émaillés bleu. Elle est décorée de fleurs en couleur.

316 — Même fabrique. — Corbeille à bord découpé à jour et décorée en camaïeu rose.

317 — Fabrique de Nevers. — Petit vase décoré de fleurs émaillées blanc sur fond bleu de Perse. Monture en bronze doré.

318 — Fabrique de Strasbourg. — Vase à anses formées de fleurs en relief et décoré de bouquets de fleurs en couleur.

319 — Fabrique de Niverwiller. — Vase de forme très-gracieuse, à anses formées d'enroulements et décoré de fleurs en couleur et rehauts d'or,

320 — Même fabrique. — Assiette décorée d'oiseaux au centre et d'ornements au bord.

321 — Quantité de plats, vases, assiettes, etc., en faïence de diverses fabriques, qui seront vendus par lots.

Bijoux et Objets variés

322 — Tabatière carrée en porcelaine de Saxe, décorée de figures dans des paysages sur fond à écailles bleues. L'intérieur du couvercle représente le sujet de Danaé.

323 — Tabatière de forme oblongue de même porcelaine, décorée de fleurs et de volatiles.

324 — Boîte ovale de même porcelaine, décorée de fleurs et d'ornements en relief dorés.

325 — Boîte de forme ovale et longue, décorée de sujets militaires, et dont le couvercle offre des trophées d'armes et un écusson d'armoiries en relief.

326-327 — Deux boîtes en ancienne porcelaine de Saxe; l'une en forme de tête de griffon, et l'autre en forme de carlin.

328 — Deux boîtes en ancienne porcelaine de Saxe, décorées de fleurs et de figures.

329 — Tabatière en ancienne faïence de Niederwiller, décorée d'oiseaux, de fleurs et de figures.

330 — Tabatière en ancienne porcelaine de Chantilly, en forme de poussah.

331-333 — Trois étuis en ancienne porcelaine de Saxe; l'un d'eux, en forme d'enfant au maillot, sert de sifflet.

334 — Huit bonbonnières en écaille posée et piquée d'or, de diverses formes. Elles seront vendues séparément.

335 — Petite boîte modèle drageoir en argent repoussé, à ornements de style rocaille et figures, avec miniatures à l'intérieur.

336 — Petite boîte en cristal de roche taillé à pans.

337 — Montre du temps de Louis XVI, en or ciselé; mouvement de Lenoir, à Paris.

338 — Autre petite montre en or ciselé, avec mouvement de Lépine, à Paris.

339 — Pipe en ancienne porcelaine de Saxe, montée en ivoire et argent.

340 — Cinq tabatières diverses, qui seront vendues par lots.

341 — Bouton finement sculpté, en ivoire, représentant les sept Immortels de la Chine dans un bois de bambou.

342 — Boîte de forme cylindrique à quatre compartiments, en ancien laque du Japon à décor d'or.

343 — Boîte de forme cylindrique en laque aventurine du Japon, décorée d'arbustes en or.

344 — Quatre petites boîtes de diverses formes en laque.

345 — Boîte de forme contournée en laque noir et dessins d'or; elle renferme cinq petites boîtes aussi en laque qui contiennent des jetons en nacre de perle.

346 — Trois porte-tasses et un coquetier en filigrane d'argent. Travail turc.

347 — Tasse avec soucoupe en émail de Chine, décorée de fleurs et d'ornements en couleur.

148 — Un lot de cuillers en argent de diverses dimensions.

Meubles, Bronzes, etc.

349-350 — Deux armoires en bois sculpté, à ornements de style rocaille, dorés sur fond peint en blanc, et à une porte vitrée.

351 — Table de milieu en bois sculpté, doré et peint en blanc, de même style et à dessus de marbre blanc.

352 — Deux petites consoles de mêmes style et travail.

353 — Console de style Louis XV, en bois sculpté et doré, à dessus de marbre blanc.

354 — Petite vitrine de suspension à deux portes vitrées, en bois sculpté, doré et peint en blanc.

355 — Deux petits meubles à une porte et un tiroir en bois doré et dessus de marbre blanc.

356 — Glace à fronton et encadrement de glace, montée en bois sculpté et doré, de style Louis XV.

357-358 — Deux petites glaces à fronton, en bois sculpté à ornements de style rocaille découpés à jour, doré et peint en blanc.

359 — Deux appliques porte-lumières en bois sculpté et doré et fond de glaces. Époque Louis XV.

360 — Deux appliques porte-lumières en bois sculpté, mais sans glaces.

361 — Meuble de salon de style Louis XVI, en bois sculpté, peint en blanc et rehaussé d'or, garni en étoffe de soie fond vert. Il se compose de quatre fauteuils et quatre chaises.

362 — Grand meuble à deux portes et tiroir en bois sculpté, à têtes d'enfants et guirlandes de fleurs en relief. Style Louis XIII.

363 — Meuble analogue à celui qui précède. Il est enrichi de colonnes torses, Même style.

364 — Meuble à deux portes en bois sculpté, surmonté d'une étagère à deux tablettes et colonnes torses.

365 — Meuble analogue à celui qui précède.

366 — Deux étagères à deux tablettes et cul-de-lampe, en bois sculpté à ornements et colonnes torses.

367 — Petit meuble à deux portes et tiroirs en bois sculpté.

368 — Table de milieu à bouts arrondis, reposant sur quatre pieds à balustre reliés par des traverses unies.

369 — Six chaises en bois sculpté, garnies en cuir de Cordoue à fleurs et ornements dorés et en couleur sur fond bleu clair. Style Louis XIII.

370 — Deux escabeaux en bois scuplté à ornements et découpés à jour. Même époque.

371 — Couchette en bois d'acajou du temps de Louis XVI, garnie de bronze dorés.

372 — Commode et secrétaire de même style et travail.

373 — Petite table à ouvrage et table de nuit en bois d'acajou et dessus de marbre blanc.

374 — Petit chiffonnier, formant secrétaire, en bois d'acajou, garni de bronze doré. Époque Louis XVI.

375 — Sept boîtes de diverses formes, en laque, en marqueterie flamande, etc., qui seront vendus séparément.

376 — Petite pendule Louis XVI, en marbre blanc et bronze doré, enrichie de colonnes détachées.

377 — Garniture de cheminée en bronze doré, de style rocaille et à figures. Elle se compose de la pendule, de deux candélabres et deux chenets.

378 — Deux paires d'appliques porte-lumières en cuivre jaune repoussé. Travail flamand. Elles seront vendues par paire.

379 — Petit lustre flamand à huit lumières, en cuivre, surmonté d'une couronne.

380 — Lanterne de forme aplatie et son support en fer forgé à ornements.

381 — Quantité de verres de Bohême, gravés et peints, qui seront vendus par lots.

382 — Meubles courants en bois d'acajou, tels que : secrétaire, toilette, table servante, fauteuils, chaises, etc.

383 — Ustensiles de ménage en cuivre, tôle, fer battu, etc.

384 — Linge de corps et de ménage; literie, etc.

385 — Environ trois cents bouteilles de vin de Bordeaux.

www.ingramcontent.com/pod-product-compliance
Ingram Content Group UK Ltd.
Pitfield, Milton Keynes, MK11 3LW, UK
UKHW021523260726
13993UKWH00004B/1848

9 782329 535227